DINO-HUELLAS

por Rhonda Lucas Donald
ilustrado por Cathy Morrison

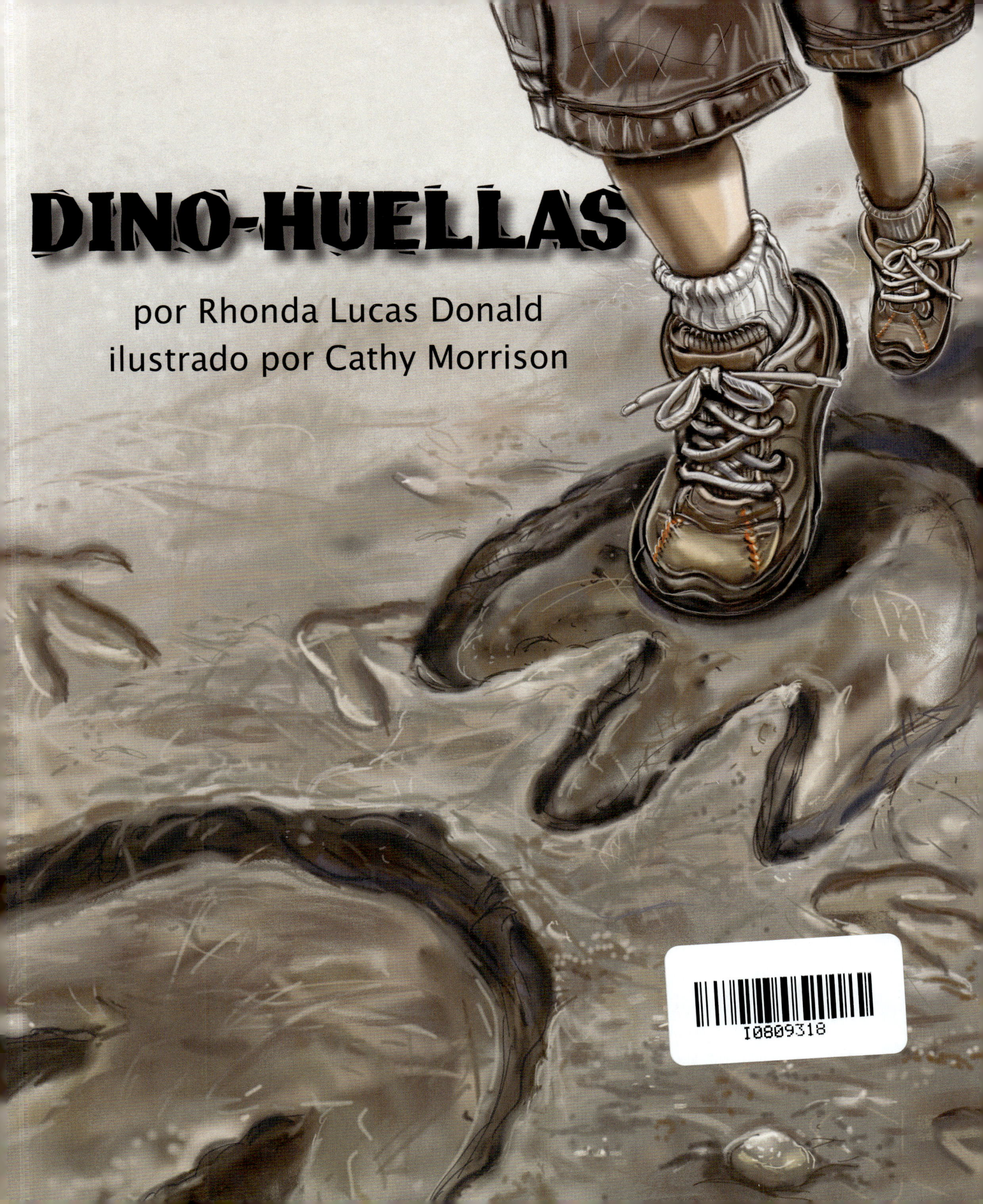

Allá, río abajo y sobre la roca ¿Qué son esas marcas que veo? En algunas, puedo acostarme y acurrucarme adentro y otras, tienen tres dedos.
Hace muchos años, río abajo, los dinosaurios vagaban. A pesar que han desaparecido, sus huellas estarán grabadas sobre la tierra . . . por siempre.

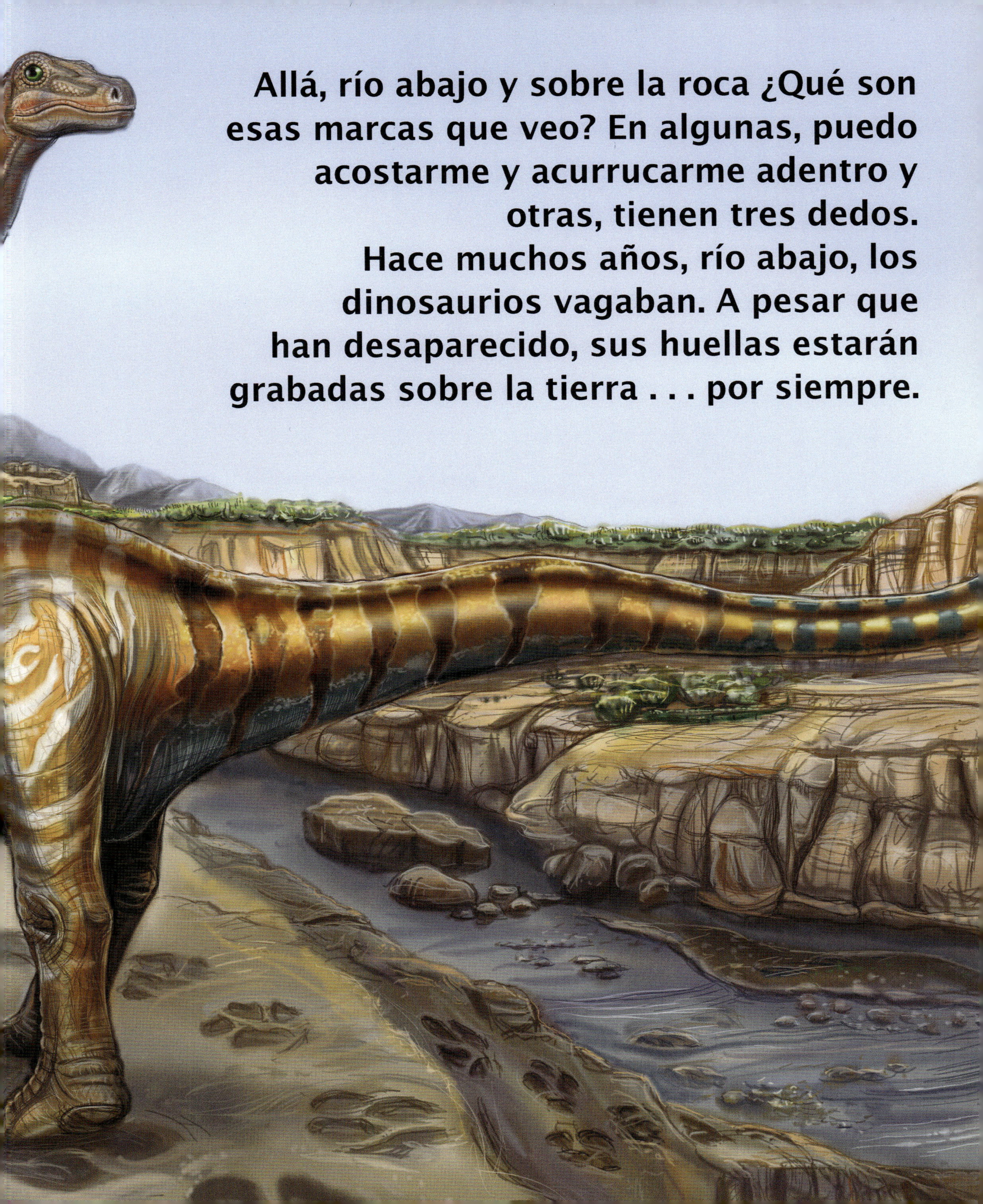

Ya hace varios años en Hadley, Massachusetts, un niño granjero surcó un campo. Lo que encontró causó un escándalo, ¿qué descubrió en ese día de trabajo?

A lo largo de la extensa superficie de piedra dura, abundaban grandes impresiones de patas con tres dedos y se parecían a las de un pájaro, pero el tamaño—¡impresionante! Él había encontrado dino-huellas fosilizadas.

Mira las huellas que hicieron. ¿Qué ayudarán a demostrar? La forma de la pata nos ayuda a saber qué comían y la forma en la que se movían.

Las huellas, por sí mismas, nos muestran a un dinosaurio solitario, pero muchas de ellas pueden formar una manada. También, se descubrió que no les gustaba arrastrar sus colas y por eso, no dejaron muchas huellas.

Allá en la pradera que se encuentra al Oeste, se descubrieron dos grupos de huellas. Una mide más que una llanta pequeña y la otra, es más pequeña que una pulgada, como una manchita.

Allá en la llanura de este mundo prehistórico, caminaron un grupo de dinosaurios. Los adultos guiaban el camino; los bebitos no se les perdían. ¡Era una manada de Estegosaurios!

Allá abajo a la orilla de un mar, tierra adentro, hay demasiados grupos de huellas. Los dinos se dirigían a la superficie, pero se quedaron sin comida. ¿Qué pasó? ¿Alguna pista?

Este grupo de “cazadores” estaban pescando algo, ¿sabes? Sus patas tocaban la arena hasta que desapareció y entonces ¡nadaron!

Allá en el río donde los cocodrilos eran grandes, hay delicadas huellas de patas. Se escabullen - es la mejor manera de ser astutas o se encontrarán con cocodrilos hambrientos.

Allá por el río, muchos años atrás, los dinosaurios llegaron. Aunque los cocodrilos gobernaban durante el día, les hicieron lugar a los "grandes" ya que estaban destinados a reinar.

Por encima de la playa, en una franja de arena, inmensos Pterosaurios volaron alto. En este lugar es donde aterrizaban; sus huellas no pueden mentir.

Allá en la arena en un bache resbaloso, los gigantes estuvieron en la playa. Daban un saltito, se detenían y se alejaban en cuatro patas.

Los dinosaurios vivieron en un tiempo cuando la Tierra era un lugar tibio y húmedo. Pero aún así, todavía los Polos estaban fríos y ahí, encontramos un rastro.

Pisando la tierra firme en el Polo Sur, los "cazadores" dejaron su marca. Aunque parece algo extraño, algunos dinosaurios sí habitaron en ese helado clima polar.

Allá en el desierto, en un lugar vasto y árido, donde el agua era, ufff . . . más bien rara, existen huellas que nos muestran adónde iban los dinosaurios. Ahí se agrupaban muchos.

Grandes cantidades de dinosaurios dejaron estas pistas. Ellos dejaron cientos de huellas. ¿Cuál fue la causa por la que desaparecieron? Un hoyo con agua, te lo aseguro.

Por ejemplo, ¿has visto la película *el Parque Jurásico* donde los dinosaurios cobran vida? Los dromeosáuridos seguramente sí asustaban con sus garras filosas como un cuchillo.

Hace muchos años, las huellas hechas por estos animales muestran que se trasladaban en manadas. Sus garras delanteras sólo las traían enfrente, ¡la verdad está en las huellas!

A la orilla, afuera del río, los dinosaurios tenían que escalar. Trepaban fuera del agua en dos o cuatro patas y dejaron sus huellas marcadas.

¿Cómo hacían para caminar en el lodo? ¿Cómo hacían para sobrevivir? Los que comían plantas se ponían sobre sus cuatro patas y los que comían carne daban grandes zancadas sobre dos.

Dentro de una ladera en una playa antigua, un dinosaurio excavó una madriguera. Acomodándose adentro, dos crías se escondieron ahí y el dinosaurio apenas y cupo.

A salvo del mundo, dentro de la madriguera, los dinosaurios excavadores se acurrucaron para escapar del calor o de los depredadores carnívoros; por esta razón, tuvieron que esconderse.

Regresa en el tiempo hacia una época perdida, donde los dinosaurios reinaban y gobernaban. Aunque se han extinguido, sus rastros siguen vivos y son de mucho valor.

Muchas de las huellas y pistas que hemos aprendido tienen mucho que decirnos. Las pistas en las rocas nos muestran que nadaron y andaban en manadas. ¿Puedes descifrar las pistas hoy?

Para las mentes creativas

La sección educativa "Para las mentes creativas" puede ser fotocopiada o impresa de nuestra página del Web por el propietario de este libro para usos educacionales o no comerciales. "Actividades educativas" extra curriculares, pruebas interactivas, e información adicional están disponibles en línea. Visite www.ArbordalePublishing.com y haga clic en la portada del libro y encontrará todos los materiales adicionales.

Rompecabezas de dinosaurios y científicos

¿Cómo podemos saber realmente que los dinosaurios alguna vez existieron en esta tierra? ¿Cómo eran? ¿Qué clase de dinosaurios había y cuántas clases diferentes? ¿Cuándo vivieron? ¿Qué comían-carne, plantas o ambas cosas? ¿Cómo se trasladaban? ¿En qué tipo de hábitats vivían? ¿Qué tan grandes o pequeños eran? ¿Qué clase de piel tenían? ¿Se preocupaban por sus crías así como los humanos? ¿O sus crías sobrevivían por instinto así como los animales lo hacen ahora? Todas estas son "rompecabezas" acerca de dinosaurios.

¿Puedes imaginarte tratar de armar un rompecabezas sin saber cómo es el dibujo? Eso es lo que los científicos hacen cuando juntan pequeñas partes de información sobre los dinosaurios. Muchos diferentes tipos de científicos utilizan pistas para aprender sobre estos animales. Ellos cavan para encontrar y estudiar sus restos y huellas. En algunas ocasiones, tienen que regresar y analizar sus "respuestas" que pensaron que sabían pero pueden no ser correctas. Por ejemplo, algunos científicos pueden no estar de acuerdo con las explicaciones de otros científicos acerca de las pistas escritas en este libro. Cuestionando el trabajo de cada uno de los científicos en comparación con otros científicos es como ellos continúan aprendiendo y juntando fotografías de estos animales prehistóricos y su comportamiento.

Los paleontólogos estudian los fósiles de las plantas y de los animales. Ellos encuentran piezas pequeñas de esqueletos (fósiles de cuerpos) y los arman-incluso, si no tienen todas las piezas.

Los icnólogos estudian el comportamiento de los seres vivos basándose en los rastros que dejan: huellas, nidos, huevos y también, el excremento.

Los paleoicnólogos estudian las huellas fosilizadas, nidos, huevos y también, el excremento fosilizado....

Los geólogos estudian las capas de las rocas. Ellas pueden indicarnos cuándo fue que un dinosaurio vivió y cómo era su medio ambiente en ese momento.

Los biólogos ayudan a "dar cuerpo" a los huesos para tratar de entender cómo eran los dinosaurios y cómo se movían y se comportaban.

Los químicos estudian la piel y las plumas fosilizadas para ayudarnos a saber de qué colores eran los dinosaurios.

Los artistas utilizan toda esta información para hacer pinturas y esculturas para traer a las criaturas antiguas a la vida.

¡Tal vez puedas ser un científico en dinosaurios cuando seas grande!

Dinosaurios: verdadero o falso

¿Son las siguientes oraciones verdaderas o falsas?

1. La palabra dinosaurio significa “gran lagartija de miedo”. Pero los dinosaurios no eran lagartijas. Eran una clase diferente de reptil.
2. Todos los dinosaurios caminaron erguidos y en dos patas.
3. Los dinosaurios tenían piel escamosa.
4. Los dinosaurios más grandes eran más largos que cuatro camiones escolares y casi tan altos como un edificio de cuatro pisos.
5. Algunos dinosaurios eran del tamaño de unos pollos.
6. Tal y como los animales de ahora, los dinosaurios vivieron en todo el mundo en todas las clases de hábitats desde pantanos hasta los fríos polos.
7. Algunos dinosaurios comían carne (carnívoros). Muchos otros comían plantas (hervíboros). Y otros comían tanto carne como plantas (omnívoros).
8. El primer dinosaurio que se conoce, existió hace 250 millones de años. La mayoría de los dinosaurios desaparecieron hace 65 millones de años.
9. Los pájaros que tenemos ahora descienden de los dinosaurios.
10. Una marca de pie o una marca de mano se llama huella. Muchas huellas juntas hacen un “sendero de huellas”. Las huellas de dinosaurio y los senderos que vemos hoy en día se han transformado en rocas o se han fosilizado.

Respuestas: 1) Verdadero. 2) Falso. Algunos caminaron erguidos sobre sus patas. Algunos caminaron en cuatro patas como los perros y los gatos. Y algunos caminaron únicamente sobre sus patas traseras como las avestruces. 3) Falso: Algunos dinosaurios tenían piel escamosa y ¡otros tenían plumas! 4) Verdadero. 5) Verdadero. 6) Verdadero. 7) Verdadero. 8) Verdadero - los científicos piensan que el impacto de un asteroide gigante pudo haber terminado con ellos. El cambio de clima y las erupciones volcánicas pudieron tener la culpa también. 9) Verdadero. 10) Verdadero - Hace millones de años, un dinosaurio caminó sobre un sendero de tierra suave. Sus patas dejaron huellas sobre la tierra así como tú lo haces cuando caminas en la playa. Si las huellas no se hubieran borrado o destruido, se hubieran secado al sol y se hubieran endurecido. Después de muchos años, más sedimento se acumuló encima de las capas de la huella. El peso y la presión de varias capas causó que el lodo alrededor de las huellas se convirtiera en roca. ¡Los fósiles nacieron!

Huellas de dinosaurio

Muchos conjuntos de huellas fueron encontradas cerca de riachuelos viejos, lagos o playas. Pueden tener huellas de un animal o de cientos de ellos. Las huellas nos pueden indicar qué animal las hizo. Nos pueden indicar si el animal estaba caminando, corriendo, descansando o resbalando sobre el lodo. Nos puede indicar si el animal viajaba solo o en manada. ¡También nos pueden indicar qué comió el animal!

Tres grupos principales de dinosaurios que dejaron huellas.

- Los Terópodos tenían dientes filosos, caminaron sobre sus dos patas posteriores y tenían patas delanteras pequeñas. Estos animales carnívoros dejaron huellas estrechas de tres dedos con garras filosas.
- Los Saurópodos tenían cuellos largos, caminaron sobre cuatro patas, y comían plantas. Dejaron dos pares de huellas redondas. Sus patas posteriores eran mucho más largas que las patas delanteras así que, las huellas son de diferentes tamaños.
- Los Ornitópodos caminaron sobre dos patas, como los pájaros, y comían plantas. Ellos dejaron huellas redondas, con tres dedos.

Es fácil distinguir las huellas basándote en los grupos de dinosaurios. Es como distinguir las huellas de un gato de las de un perro. Saber exactamente cuáles especies hicieron esas huellas es lo difícil. Si los científicos encuentran un esqueleto cerca y los huesos de las patas coinciden con las huellas, ¿pueden relacionarlos?

¿Puedes identificar a qué grupo de dinosaurios pertenecían estas huellas?

Mira en todo el libro para identificar cualquier huella en las ilustraciones. Analizando las huellas, ¿puedes saber si los dinosaurios eran carnívoros o herbívoros?

¿Había muchos tipos de dinosaurios dejando huellas o únicamente uno? ¿Qué puedes deducir de esto?

¿Qué tan grande es tu huella comparada con la huella de un dinosaurio?

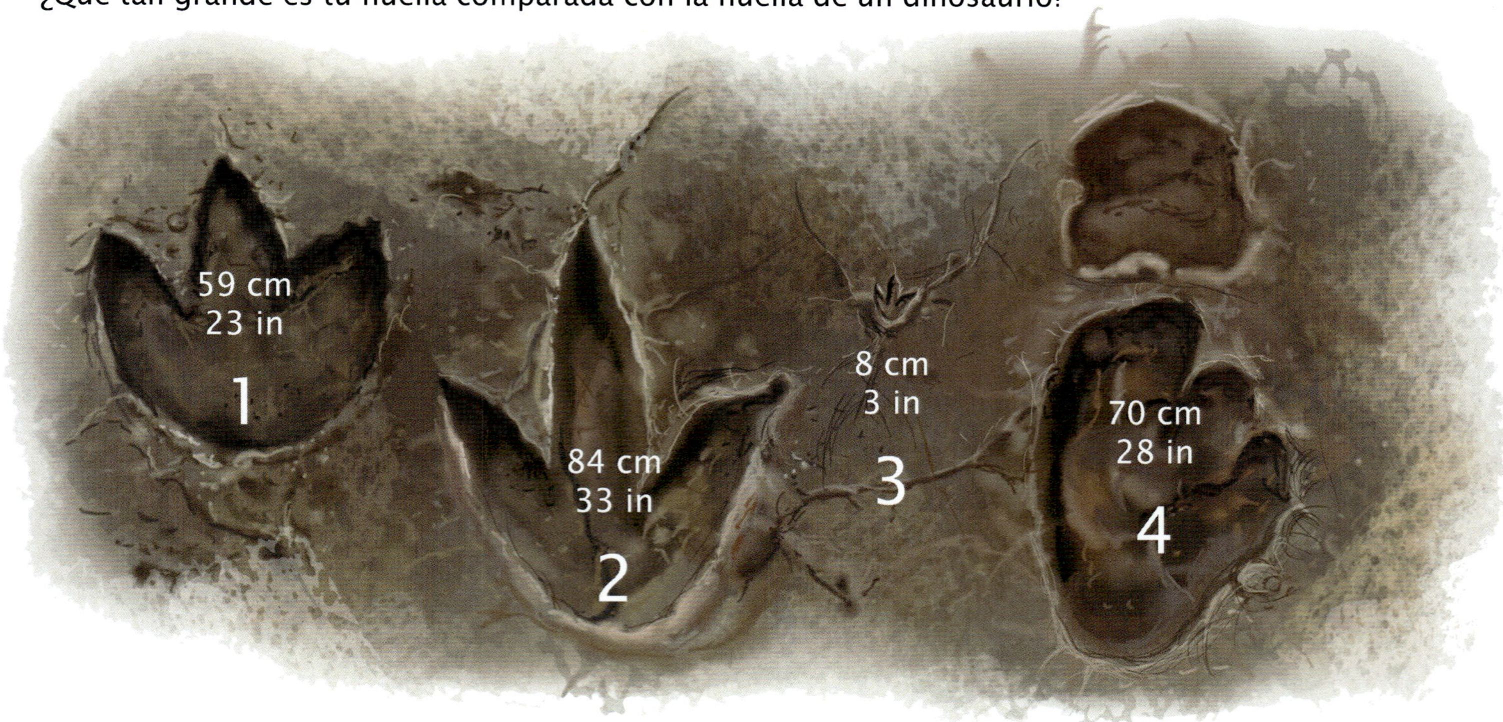

Respuestas: 1) Ornitópodos 2) Terópodos 3) Terópodos 4) Saurópodos

Huellas alrededor del mundo

Los dinosaurios anduvieron por todos lados. Mira el mapa para que veas dónde se encontraron las huellas que se mencionan en este libro. ¿Hay algunas huellas cerca de donde tú vives?

Los científicos han estimado hace cuántos millones de años fueron hechas las huellas.

Lugar	hace millones de años
Glen Rose, Texas, USA	110
South Hadley, Massachusetts, USA	190
Morrison, Colorado, USA	150
Holy Cross Mountains, Poland	250
Crayssac, France	150
Victoria, Australia	115-100
Zion National Park, Utah, USA	190
Shandong Province, China	120
Lesotho, Africa	200
Lima, Montana, USA	95
Hell Creek Formation, Wyoming, USA	67

Con agradecimiento a Jeffrey A. Wilson, Associate Professor, Department of Earth & Environmental Sciences y Associate Curator, Museum of Paleontology en University of Michigan por verificar la información en este libro.

Dino Tracks: título original en Inglés.
Traducido por Rosalyna Toth

Library of Congress Cataloging-in-Publication Data

Donald, Rhonda Lucas, 1962-
[Dino tracks. Spanish]
Las dino-huellas / by Rhonda Lucas Donald ; illustrated by Cathy Morrison.
pages cm
Audience: 4-8.
Audience: K to grade 3.
ISBN 978-1-60718-716-5 (Spanish hardcover) -- ISBN 978-1-62855-344-4 (Spanish paperback) -- ISBN 978-1-60718-655-7 (Spanish ebook (downloadable)) -- ISBN 978-1-60718-667-0 (interactive English/Spanish ebook (web-based)) -- ISBN 978-1-60718-619-9 (English hardcover) -- ISBN 978-1-60718-631-1 (English pbk.) -- ISBN 978-1-60718-643-4 (English ebook (downloadable))
1. Paleontology--Juvenile literature. 2. Dinosaurs--Juvenile literature. I. Morrison, Cathy, illustrator. II. Title.
QE714.5.D6618 2013
567.9--dc23

2012045094

Elaborado en los EE.UU.
Este producto se ajusta al CPSIA 2008

Arbordale Publishing
anteriormente Sylvan Dell Publishing
Mt. Pleasant, SC 29464
www.ArbordalePublishing.com